Gerd Spiekermann

Wiehnachts-Stress

Quickborn-Verlag

2. Auflage 1999

ISBN 3-87651-219-0

© Copyright 1999 by Quickborn-Verlag, Hamburg
Umschlaggestaltung: Britta van Hoorn, Hamburg
Gesamtherstellung: Clausen & Bosse GmbH, Leck
Der Umwelt zuliebe
auf chlorfrei gebleichtem Papier gedruckt
Printed in Germany

Inhalt

Nikolaus

Nikolausdag, denn mööt ick wedder ran. Siet 'n poor Johr al speel ick ja den Nikolaus in'n Kinnergoorn von mien Göörn. Un dat hett bi mi so anfungen as de Karriere von männig groden Schauspeler: de ole Nikolaus, de dat also anners jümmers mookt harr, de weer krank worrn, un dor hefft se mi froogt. Na ja, geern, blots – mien egen Kinner, de sitt dor denn ja ook un ward mi viellicht noch een Gedicht upseggen, wenn de mi nu upmol kennen doot, wat denn?

Hoh, dat kriegt wi hen. Keen Bang.

Un se hefft dat henkregen: een groden roden Mantel muß ick antrecken, de Kapuze röver, dat een mien Hoor nich sehn kann – un denn de Boort: sneewitt natürlich, so as de von den Schokoloden-Schweizer ut't Fernsehen: »Is cool man!« – blots sien is ja woll echt, mien is ut Plastik-Watte.

Denn hefft se mi noch de Backen mit'n beten Rouge rosig farvt, de Ogenbruun mit Swatt na-

trocken, dat süht denn wat grimmiger ut – un klor
is de Nikolaus.

Johr üm Johr geiht dat nu al so. Un jümmers
wedder froog ick mit 'n depe Stimm:

Na, Ji leven Kinner, sünd Ji denn ook oortig
ween?

Jaaa!! brüllt de 70–80 Kinnergorden-Kinner, de
ja wohrhaftig meent, dor sitt nu de Nikolaus vör
ehr.

Un denn singt se un seggt mi Gedichte up, un so
ook letzt Johr lütten Timo ut use Stroot:

Lieber guter Weihnachtsmann ...

Un disse Timo, de harr mi doch een poor Doog
vörher mit sien Knallpüüster argert. Egolweg hett
he vör uns Huus rumballert.

Ick sä: Ick bün nich de Weihnachtsman, ick bün
de Nikolaus.

Guck mich nich so böse an ...

Ick sä: Ick höör nix, luder!

Stecke deine Rute ein,
ich will auch immer artig sein.

Na dat will ick ook höpen. Hier hest 'n Appel.

Man, de hett ja keken. Dat hett mi richtig goot
doon, dat ick em mol een topulen kunn. Hett mi
nervt, sien Balleree. Un von de annern Kinner
kreeg he natürlich ook noch een mit: Ätsch, arger
di!

Doch as ick güstern ovend no Huus keem, speel
he mol wedder mit sien Football up de Stroot – un

8

just in den Momang bummer sien Ball gegen mien Auto.

Ick sä: Heh, kannst nix upassen?

He nehm gau sien Ball, un as ick bi em vörbigüng un em noch een mitgeven wull, do äs he:

Lieber guter Weihnachtsmann...

Mann, dor heff ick overs een Schrecken kregen. Of he nu wohrhaftig weet, dat ick ...

Na, wat dat anner Johr woll afgifft ...

Vörsorgen

Schall ick jo mol wat seggen: Mi geiht dat so recht von Harten goot. Wenn nu de Winter komen schull – so mit twee Meter hoch Snee un twintig Grood Frost – dat mookt mi nix tu. Dat Iesschapp is bit boben vull mit Fleesch, Arfken un Wuddeln, in'n Keller liggt een Zentner Kartuffeln, dree Buddel Rum hefft ick hollt, fief Kisten Mineralwater, twee Pund Koffee un Tee – un 'n lütten Stuvenherd samts Rohren mit'n halven Zentner Brikett steiht ook proot.

Ja, annerletzt hefft se in't Fernsehen klor un düütlich bewiest, wi stoht in de neegsten fief / söß Johr ünner so een Noord-Oszillation oder wo dat heet. Also dat mit de milden Winters is nu vörbi. Nu ward dat wedder knacken. Un wat dat heet, dat weet wi doch. Eerst freert de Woterleitungen in – mookt mi overs nix ut – ick heff ja Selter in'n Keller. Denn kümmt de Snee, mannshooch un dat Glatties. Loot man komen: bi us gifft dat Swienfleesch mit Kartuffeln, Arfken un Wuddeln – un wenn't nödig is, fief Doog no'nanner. Un achterher 'n schön Tass Koffee.

Wenn disse Noord-Oszillation noch mehr tosloon deit, denn fallt ja ook al mol de Stroom ut. Un batz is't ook ut mit de Gasheizung un mit dat Koken up Elektrisch in de Köök al lang. Overs nich bi mi: ick heff ja mienen Ersatzheerd mit de Rohren un den halven Zentner Brikett.

Haha, wat meenst, wenn ick den anböten do, wo schöön mollig warm dat denn in'e Stuuv ward. Un de annern freert! Bobento kann 'n denn ja ook noch dat Eten up dissen Heerd koken: Swienfleesch mit Kartuffeln, Arfken un Wuddeln – in enen Pott as Supp. Is ook lecker. To'n Nodisch kook ick us denn noch 'n schöön Tass Tee mit Rum. Hahh. Dat hett wat.

Blots een Probleem gifft 't denn noch: de HEW, de Hamborger E-Warken, de hefft annerletzt seggt: in jeden Hamborger Huushalt fallt in't Johr de Stroom dörschnittlich blots 14 Minuten ut, un so gau krieg ick den Ersatz-Heerd nich no boben.

Dat rechte Geschenk

Dat geiht ... ick mach dat gor nich seggen, man dat geiht up Wiehnachten to, un dor heff ick jümmers so mien Last mit – wegen de Geschenken för de Kinner. Ick much nich, dat dor wat bi scheef löppt, denn för mi weer't dat Gräsigste, wenn een von mien Kinner an'n Wiehnachtenovend nich tofreden weer.

Klor, ick weet ook, dat sick Kinner männigmol wat wünschen doot, dat foken gor nich to betohlen is oder dat eenfach nich geiht. So as mien lütte Deern, de sick in'n Kopp sett harr, se wull'n Pony hebben. 'n Pony midden in Hamborg. Se hett dat insehn.

Mi steiht jümmers noch een Wiehnachten vör Ogen, as mien Süster un ick us een neet Fohrrad wünscht hefft. De olen weern to lütt oder twei, also wi mussen beid een hebben. Un dat schull een Sportrad ween mit Dree-Gangschaltung. Dat weer ganz wat Nees domols in de sößtiger Johren. Un wi harrn ja ook gode Argumente: de Weg no de School weer 7 Kilometer lang, un loot di mol söven Kilometer den Wind in't Gesicht weihen. Ja, denn is dat schöön, wenn du in'n drüdden Gang … äh, in'n eersten Gang … oder in'n tweden schalten kannst.

De Öllern hefft blots »Hhmm« seggt oder »Kiek an!«, also nix dorgegen, un dorum weern mien Süster un ick övertüügt: Wi kriegt beide een Sportrad mit Dree-Gangschaltung. Un dat hefft wi denn natürlich in de School un up de Stroot us Frünnen vertellt: Sportrad mit Dree-Gangschaltung. Ja, dor moken de annern overs Ogen.

Un denn keem Hilligovend, de Kark un denn – eerst dat Ovendeten – un denn güngg't in de Stuuv rin – un dor stunnen twee niegelneje Fohrrööd: swore stabile Tourenrööd, swatt, ohn Gangschaltung.

Kriegt Oma un Opa ook een neet Rad? heff ick noch froogt. Wenn't nich Wiehnachten ween weer, harr Mudder mi woll ene langt.

Wat weer de di fünsch, dat wi us dor nich över freuen deen. So'n solidet Rad, dor köönt twee Melkkannen an hangen. Jawoll, stabil is dat, nich so'n spillerigen Kroom.

De neegsten Weken up de Stroot un in de School weern de Höll för mien Süster un mi.

Un siet de Tiet heff ick so'n beten Last mit Wiehnachten.

Nachtwäsche

To Wiehnachten flattert een ja all de Katalogen von de Versandhüüs wedder to. För mien Familie is dat ja een echt spannende Lektüre. De Lütten köönt sick an dat neje elektronische Speeltüüg nich satt-sehen – *Will'ch haben, will'ch haben* – un froogt al, woveel Doog denn woll Wiehnachten noch weg is. Mien Froonslüüd, also mien Döchder un ehr Mud-der, de studeert de neeste Mood. Ick höör blots jümmers wat von Top, Jeans un Boots. Wat eenfa-cher: se snackt von Tüüg un Schoh. No'n gode Week kann ick denn ook mol in de Kataloge kie-ken: Ick bruuk blots dree bit veer Sieden: Nacht-wäsche för Herren. Dor schree ick mi jümmers weg!

Sitt dor t. B. een jungen Keerl in Pyjama mit Shorty – up düütsch: Boberdeel mit langen Arm un 'n korte Büx dorto. He freit sick an sien *har-monisch Dessin mit praktischer Knopfleiste*. Un wiel he sick so freit telefoneert he mit sien handy – wohrschienlich loot in de Nacht to'n Moondschientarif mit sien Fründin, de leider nich dor is un em bewunnern kann. Doch he seggt blots: ... un stell di för, disse neje Pyjama hett blots 54,95 kost.

Knapp teihn Mark kann ick sporen, wenn ick bi de Konkurrenz een *Satin-Pyjama (außen glänzend – innen weich) für sanfte Träume in den Farben der Sasion* kopen do. Disse Farben sünd Metallblau un Engelsgold. De Stoff glänzt un lett as Glatties, dat ick bang bün, ick krieg bi mien sanften Drööm ganz unsanft dat Rutschen un fall bumms! ut'n Bett rut.

Denn nimmt een doch lever dat ole, gode Boomwull-Nachthemd. Dat heet vondogen *Sleep shirt*, süht overs jümmers noch so ut as dat von Unkel Fritz bi Willem Busch un dat von mien Vadder, de ook sien Leven lang in so een Sleep shirt slopen hett. Ick besinn mi noch, wo he morgens upstohn dee un eerstmol so een Stoffwust doolröbbeln muss, denn nachts harr sick sien Nachtmemd um sien Buuk uprullt. Denn stevel he no den Breefkasten hen, de Zeitung holen. Sien Nachthemd weer ja so dreeviddel lang un ünnen keken denn siene kesigen Benen rut.

De aktuellen Wiehnachts-Farben sünd dit Johr wedder gröön un blau un de Sleep shirts gifft't in'n Dubbelpack för 29,95 DM.

Nu willt Ji natürlich weten, wat ick denn nachts drägen do. Ja, dat segg ick overs nich. Blots soveel: mien Nachttüüg kannst du nich waschen un kosten deit dat ook nix.

De Deerter un dat Wiehnachtsfest

Wiehnachten, dat is ja nich blots dat Fest von de Minschen, dat is ja ook een Fest för de Deerter. Wi kennt ja all de Biller von de Krüpp in den Stall von Bethlehem, wo de Schoop, de Esel un de Oss dorbi stoht un tokiekt. Un dorum meent mien Kinner, dat muß ook wat för use Deerter to Wiehnachten geven: een Wust för den Hund un en Döös Festtagsmenue för de Katt. Dat leggt de Kinner ünnern Dannenboom, un vör wi an use Geschenke rankoomt, dröövt eerstmol use Huusdeerter ehr Geschenk vertehren. Denn markt de ook, dat Wiehnachten is, seggt de Kinner.

Ick will ehr ja den Spooß nich verdarven un dorum – mientwegen. Ick meen, wenn ick dat recht bedenk: wat hefft wi dat licht – mit usen Hund un de Katt. Ick heff een olen Bekannten, de heet Jochem, de ward sick swoor doon, sien Huusdeerter in de Stuuv to kriegen to Wiehnachten.

Sien leevsten Kamroden, dat sünd, mööt Ji we-

17

ten, twee Ossen. Rudi un Oskar. De heet nich blots so, de höört ook up ehrn Nomen. Un de beiden sünd sien een un sien all. Jochem fohrt tweemol an'n Dag rut no't Land oder nu no'n Stall, wo Rudi un Oskar de Winterdoog verbringt. Se kriegt pünktlich wat to freten un to supen, he strokelt ehr oder bust ehr ook al mol af, wenn't nödig is. Un dorbi vertellt se sick wat, dat heet, Jochem snackt. Rudi un Oskar luustert meist blots to – doch dat köönt se up best. Se mööt sick allens anhöörn: wo Jochem sick över argert hett, wat em Spooß moken deit, den neesten Snack ut de Noverschupp kriegt se to höörn un wenn Jochem sien Dochder ut Hannover komen will, dat weet't Rudi un Oskar ook as eerste.

Dat verbindt, glöövt mi dat, un dorum is Jochem al siet Dogen an't överleggen, wo he sien Ossen Wiehnachten een Freid mit moken kann. Se schöölt wat Besünners to freten hebben, dat is klor. Een ornlich Stück Broot, dat möögt de beiden an'n leefsten, blots, wenn he ehr dat nu so geven deit as all de annern Doog, denn markt de beiden bestimmt nich, dat hüüt Wiehnachten is. Dorum hett he dat fein in Wiehnachtspapier inpackt, mit'n Slööp dor an – un dor ward Oskar un Rudi mit bescheert.

Schood, dat ick nich dorbi wesen kann, denn ick much doch to geern mol sehn, woans een Oss so een Wiehnachtsgeschenk utpacken deit.

Alle Jahre wieder

An'n leevsten wurd ick utneihen vör Wiehnachten.
Ick koom dor nich mehr mit klor.

Dat gifft ja woll kien Tiet in't Johr, wo du so veel
gode Rootslääg kriggst as just to Wiehnachten. Siet
Weken al liggt ja jeden Morgen in de Zeitung een
Barg von Prospekten, de di den gröttsten Kitsch as
schöne Geschenkideen unnerjubeln willt.

Pädagogen root ja – ook all Johr wedder – wenn
överhaupt, sinnvolle Soken to schenken. Wat to'n
Lehren, een godes Book, kien Konsumschiet. De
hefft all schien's kien egen Kinner.

Hest du denn de sinnvolen Geschenken endlich
funnen, stellt sick – ook all Johr wedder – de Froog
mit dat Inpacken. Eenfach so batz de Barbiepupp
ünnern Dannenboom smieten, dat hett ja kien Stil.
Stil is overs jümmers in Papier inpackt. Gifft Affall,
kost Geld, belast de Umwelt. Doch dat Utpacken
höört ja up ene Oort mit to Geschenken dor mit to.
Tante Bertha will ja dorbi jümmers de lüchen Kin-

nerogen sehn, wenn de Dannenboomkerzen sick dor so schön in spegeln doot. De Dannenboom, ook so'n Drama. Mien Kinner willt nich, dat extra to Wiehnachten een Boom umhaut ward. Wi schööt een mit Ballen kopen un denn in'n Gorden inplanten. Wi hefft blots een Rosen, so groot as'n Handdook. »Denn leasen!«, also achterher wedder no'n Goorner bringen, sloot miene lüttjen Slaumeiers vör. To umständlich, ehrlich geseggt. Also, ook för us mööt een umhaut warrn.

Natürlich kummt to Wiehnachten ook jümmers een Barg Verwandtschaft antoreisen. Dor kümmt – is ja klor – ornlich wat up'n Disch. Overs us Gesundheitsministers (egol of swatt, rot oder gröön), de seggt, wi schullen nich soveel supen und freten to Wiehnachten. Dorbi denkt se natürlich nich an diene un miene Lebber, nee, se willt dat nich betohlen – von use Krankenkassenbidrääg. Ja, schall ick denn Tante Bertha statts de broden Goos viellicht een Stück Knäckebroot mit Quark vörsetten un statts dat Glas Rotwien een Glas Minerolwoter. De Ministers kennt mien Tante Bertha nich.

Nee, nee, dat ward nix. Dat gifft blots Stress, un de is ja Gift, un Gift is gefährlich un dorum blifft dat allens so as jümmers – mit inwickelte Geschenken, mit 'n afhauten Dannenboom un swoor Eten un Drinken.

Een Troost blifft: Ook Wiehnachten geiht vörbi!

Heini-Mettwust

Wat Ökelnomen sünd, dat weet ji seker. Mien Nover t. B., de heet »Een-Been-Meier«. Een Been hett he in'n Krieg loten. Dat is woll hart, so een Ökelnoom, stimmen deit t' overs ja. Poor Döörn wieder wohnt een, de is söven Jahr mit'n Bäckersdeern verloovt ween. Se wull em woll hebben, blots he wuß nich so recht. Dor harr he ook sien Ökelnoom weg: He weer de »Makronenhingst«.

Wi mööt blots jümmers goot uppasen, dat he dat nich to höörn kriggt, denn ward he füünsch. Ook disse Ökelnoom: hart, overs gerecht. So recht gediegen is dat mit den Ökelnoom von den olen Heini. Von em snackt all blots as »Heini-Mettwust«. Lang heff ick meent, dat leeg dor an, wiel he so geern Mettwust eten deit. Un dorum hefft wi em eenmol to Wiehnachten 'n grode Mettwust schunken, rein Swienfleesch, lecker döörrökert. Hmm. As he de Wust seeg, dor hett he upmol 'n ganz roden Kopp kregen, hett no Luft japst un schreet:

»Mook, dat Du 'n Dreih kriggst! Rut mit Di! So wat Utverschoomts! Mi Wiehnachten so to verdarven!«

Bün ick denn mit mien Wust aftrocken. De hefft wi sülvst upeten, ook wenn Swienfleesch ja nich so gesund ween schall – ward seggt.

Ick wull ja nu overs doch weten, wat mit Heini loosweer un heff rümfroogt. Un nu weet ick, worüm he Heini-Mettwust heet. Vör 'n poor Johr hett he mol in een Koophuus een Mettwust mitgohn loten. 'n dicken Mantel harr he sick antrokken un denn jümmers so vör den Wuststand rümluurrt. 'n beten hen- un herkeken un denn mit'n Swuppdi hett he sick een Wust grepen un de in de Mau von sien Mantel glieden loten. Dat hett he overs to goot mookt. De Wust is em över den Ellenbogen wegrutscht. Nu kunn he den Arm nich mehr inknicken. Un doolhangen loten kunn he em ja ook nich. Denn weer de Wust ja rutfullen. Eerst wull he de Hand in de Manteltasch steken. Dat gung overs ook nich. De Wust weer to lang. De ool Gierhals hett natüürlich foorts no de dickste un längste grapscht. Do muß he den Arm so mall no de Siet holen. Dor hefft se em froogt, of he woll so Oort Ramm in den Arm harr oder of he henfullen weer. Een, de em kennt hett, hett glieks seggt: Na, Heini, hest den Arm in Gips? Dat mutt famoos utsehn hebben. An'e Kass hett em denn een von de Koophuuslüüd al upluurt un an de Siet nohmen.

Un do keem de Mettwust ook wedder to'n Vör-
schien. Dat wurd natüürlich in de Stroot achter de
Hand wiedervertellt un so hett he sien Ökelnoom
wegkregen: Heini-Mettwust. Kloor, dat he de nich
höörn mag un de Aftiet up Mettwust em vergohn
is. Overs so is dat Leven: hart, overs gerecht.

Geven is seliger ...

De Jungfernstieg in Hamborg, dat is een schöne Stroot. Dor gah ick gern mol langs un kiek um mi to. Doch jümmers sitt dor bi dat een Koophuus so'n Keerl in afreten Tüüg. So'n lütt Pappschild hett he up de Kneen. Un dor steiht denn up, dat he arm is oder dat he just ut'n Knast kummt oder dat he kien Arbeit hett. Kort: He will mien Geld hebben. Ick schall em wat in sienen Hoot doon oder in de lütte Zigarrenkist. »Danke«, steiht dor denn ook noch an to lesen.

Wenn ick an socke Minschen vörbi mööt, denn geiht mi dat slecht. Denn krieg ick Magenpien. De sitt dor un bedelt mi an – un ick will em nix geven. Worum schull ick em ook wat geven? Mööt doch nüms mehr smachten bi us. Dat gifft doch Sozialhilfe, mit Geld för't Eten, för Tüüg un sogor för de Miete. Ward allens betohlt. De will blots mien Geld hebben, dat he smöken un supen kann. De kenn ick, socke Bröder. Goh mi af!

Up de anner Siet: wer weet, wat de al all döör-
mook hett in sien Leven. Freewillig sitt de seker
nich up dat kole Strotenplooster von den Jungfern-
stieg un bedelt. Minsch, wenn ick dor nu sitten
muß! Gott nee. Un stell di vör, dor kummt een
vorbi, de di kennt. Un snackt di viellicht noch an:

»Gerd, büst du dat wohrhaftig? Geiht di dat so
schofel, dat du de Lü anbedeln mußt?«

Nich uttodenken sowat.

Ick wurd ja woll vör Schoom vergohn. Dorum
kunn ick em ja egens ook wat geven. Twee Mark?
Nee, fief Mark. Dor kann he sick twee Wust för ko-
pen.

Denn is he satt bit vonovend hen. Oder schull ick
em gor teihn Mark … ’k meen, fief Mark is ook al
wat, un ick verdeen mien Geld ja ook nich in’n
Sloop, ick mööt dor för arbeiten, kann nich den
ganzen Dag blots rumsitten. Mi gifft ook nüms
wat. Nee, ’s morgens heet dat: rut ut de Puuch un
ran an’t Wark. Vonwegen, sick up anner Lü verlo-
ten. De denkt seker: Wat sünd de annern all be-
kloppt, dat se sick den Dag över afmaracht. Dat
geiht doch ook so: een lütt Pappschild, een Hoot
un dorto een armselig Gesicht moken. Dor kann
nüms gegenan. Dor röögt sick dat Mitgeföhl. Un
dat höllt nüms ut, wenn dor een so liggt, un denn
geevt se wat un meent, se helpt den Keerl dor, un
dorbi helpt se blots sick sülvst. Mit ’n Mark koppt
se sick een rein Geweten. Dat weer fröher al so.

Dor menen de Minschen, de leve Gott kunn mol as Bedelmann komen. De wull kieken, wo dat mit de Barmhartikeit von de Minschen steiht. Un wehe, du hest em denn nix geven! Dor gloov ick ja nu nich an. Un doch, wat mook ick nu mit den Keerl dor up de Stroot? Geev ick em wat – oder nich? Na ja, fief Mark, dat deit mi nich weh …

Ick griep in mien Taschen un … ich heff gor kien Lüttgeld bi mi. Ja stimmt, heff ick just in' Zigarettenautomot smeten. Nu heff ick blots noch Papiergeld. Un teihn oder twintig Mark, dat is denn doch woll 'n beten rieklich. Schood, ick harr em geern wat geven, den armen Mann. Annermol viellicht.

Weglopen

As Kinner sünd wi woll all mol weglopen. Wenn dor von vertellt ward tomindst, kann meist jedeneen so'n lütt Weglopergeschicht to'n besten geven. Ick sülvst bün kort vör Wiehnachten afhaut, nich mol dree Jahr weer ick oolt, harr 'n Porzelloonwiehnachtsmann ünnern Arm – de stund bi us up't Stuvenschapp – un wull em söken, den Wiehnachtsmann. Ick kunn dat nich mehr aftöven, 'k wull de Geschenke al vörher hebben. Vadder vertellt jümmers, se harrn domols all de Regentunnen afsöcht, de wi üm us Huus to stahn harrn. Dat Regenwoter nehm Mudder to'n Waschen. Dat weer dotiets fokender vörkomen, dat sick Kinner in socke Tünnen verdrunken harrn. Funnen hefft se mi no 'n gode Stunn, as ick al meist twee Kilometer ut mien Heimotdörp rutmarscheert weer, den Wiehnachtsmann in de Mööt. Een von de Groden harr mi woll vertellt, he keem jümmers ut de Richt. Annern Dag hett dat sogor in de Zeitung stahn:

Der kleine Gerd suchte den Wiehnachtsmann. So foken as dat vertellt wurd, hefft wi dor all över lacht. Domols weer dat natüürlich överhaupt nich spoßig.

Vondogen weet ick, wo mien Öllern dat do gohn hett, denn annerletzt is mien Dochter, de is ook weglopen. Nu weer't ja nich dat eerstemol, man meist harrn wi ehr denn ja gau wedderfunnen. Mol seet se bi Novers an'n Ovendbrootsdisch un stopp dor Swartbroot mit Kees in sick rin, wat se bi us nienich eten will. Denn fund ick ehr up'n Speel-platz mit 'n Koppel anner Kinner oder se leeg bi us in't Bett un sleep as 'n Rott. Tüüg un Schoh natü-ürlich noch an – buten harr dat regent. Dor heff ick gau 'n Fotoapparot hoolt un heff fief Biller mookt.

Overs nu weer dat anners. Up jichenseen Oort spören wi dat. Ditmol liggt se nich in'n Bett, dit-mol sitt se nich bi de Novers. Un richtig: all dat Ro-pen un Söken um't Huus to, dat hulp nix. Binnen een Viddelstünn harr sick dat rümsnackt in us Vid-del un op mol weern teihn-föffteihn Lüüd an't Sö-ken.

Ruck-zuck weer 'n halve Stünn vörbi. Nix. Wi mööt de Polizei anropen, klor. Ick sülvst harr ehr vonmorgen antrocken, man ick kunn mi nich recht besinnen. De rode oder de blaue Büx? Wecke Schoh? Klor, vonmorgen de ut Ledder, doch hett se de nu noch an? De Kinner speelt doch foken An- un Ümtrecken. Un de Pulli, is dat de mit de Katt dor up, de mien Süster ehr to'n Geburtstag schunken hett? Nee, dor hett se sick doch güstern Kakao up klackert. De is lang in de Waschmaschin. Egol. Wi mööt 110 anropen. »Nee, noch is kien Deern meldt wurrn«, seggt de Beamte. »Se kriegt Bescheed.«

Wiedersöken. Büst du al in'n Keller ween, hett een bi'n Iesloden nakeken, is wen up den Speelplatz up de anner Strotensiet ween? Nix.

Ennelk, do, de Peterwogen. Un us lüttje Muus dorbi. Se brüllt as för dull. Mann! Doch nu mit Schellen antofangen, is natürlich Dummtüüg. De Gendarm sä, se harr jümmers von Oma un Opa snackt. Klor! Wi hefft ehr vertellt, de wullen to Wiehnachten komen, un dat hett de Lüttje natüürlich noch nich verstohn, hett meent, se muß ehr in de Mööt fohren, nu is allens klor.

Mien Mudder hett jümmers seggt, ehr weer domols, as ick mit den Wiehnachtsmann up Tour weer, meist dat Hart stohnbleven. Vondogen begriep ick, wat se dormit meent hett.

Eet't man all up!

As ick Kind weer, do much ick an'n leefsten bi Opa up'n Schoot sitten un mi wat von em vertellen loten. Un een Geschicht hebb ick woll twintig, nee, hunnertmol von em höört. No sien Konfirmation hett Opa sick as Knecht bi een Buurn besteedt. Anners wat geev dat för Jungs as em nich. Se weern acht Kinner tohuus un sien Mudder hett ja woll teihn Johr in'n Rollstohl seten. Een Lehrstee – nee, gor nich an to denken. He keem bi'n Buurn – un muß mit een annern Knecht tohoop in een Bett slopen. Se kunnen al tofreden ween, dat se överhaupt een Bett harrn. Dotiets slepen de Knecht foken noch up de Hill, dat heet in'n Stall över de Keuh.

To Wiehnachten geev't von den Buurn jümmers datsülvige Geschenk: een ruug Taschendook un een Stück Seep. Jedet Johr.

Opa harr't nich slecht bi den Buurn – ook wat dat Eten angeiht. Dat geev ja meist genoog, blots foken keem een poor Doog no'nanner datsülvige

30

up Disch: Bohnen, Arfken, Kartuffeln. Fleesch? Af un an mol sünndogs een lütt Stück un mol wat von't Swien: Snuten un Poten. Un eenmol, vertell Opa denn jümmers wedder, harr an to Wiehnachten sogor Nodisch geven: Pudding. He mööt ja woll Ogen mookt hebben, dat de Buursfro em froogt hett: »Kriggst dat anners denn gor nich?« Nee, harr he do seggt, un se harr em denn de ganze Puddingkumm röverschoben: »Denn eet't man all up.«

Doch as ick annerletzt de Zeitung upsloog, wat stund dor to lesen: »Wo eine Suppe zum Erlebnis wird.« Dat weer een Reportage ut den Hamborger Stadtdeel Grootloh. Dor koomt Kinner in 'n Kinnergoorden un sünd totol utsmacht, wiel de Öllern arbeitslos sünd un kien Geld hefft, ornlich wat to'n Eten to kopen.

Bi't Middagseten haut de rin, as wenn se dree Doog nix hadd hefft. Mol hett dat in den Kinnergorden frische Ananas geven. Dor hefft de Lütten noch no dree Doog von snackt. Un een Jung von veer Johren hett no een Teller Melksupp seggt: »Sowat Schööns heff ick noch nienich eten.«

Dor heff ick an mien Opa un den Pudding bi dacht. »Kriggst dat anners denn gor nich?« Nee. »Denn eet't man all up.« Blots de Jung hett sien Melksupp vör een poor Doog eten, Opa sien Geschicht von den Pudding, de is al hunnert Johr oolt.

Yesterday – dat Krüüz an de Stroot

120/130.

Man goot, 's nachts is doch up de Bundsstroten nix los.

Vonovend weer't over mol wedder lang.

»Wir kommen nun zum Tagesordnungspunkt 9: Verschiedenes.« Disse verdammte Snackeree – wegen nix. Un nu geiht't al up Middernacht to.

Autoföhren mookt an'n mehrsten Spooß mit schöne Musik. Un denn dat Radio ganz updreihen.

Yesterday, all my troubles seemed so far away...

Wat ... wat weer dat?

Now it looks as though they're here to stay

Dor up de Berm, dor weer doch wat.

Suddenly...

Een Krüüz ... een Krüüz ... un wat stund dor up to lesen: EVA. Un denn noch Tohlen. Klor, dat Dotum, wenn se hier ... un Blomen legen dor vör dat Krüüz.

There's a shadow hangin' over me

»Du hest mien Süster umföhrt.«
De Jung kiekt vör sick hen.
»Du hest mien Süster umföhrt.«
»Dat is nich wohr, ick heff dien Süster nich
umföhrt, se is mi in't Auto lopen.«
»Du hest ehr umföhrt.«

I'm not half the man I used to be

Man wat duurt dat lang.
»Wir müssen röntgen ... um sicher zu gehen,
daß die Kleine keinen Schädelbruch hat. Es
dauert nicht lange.«
De Pleger lacht mi verlegen an. De ole Fro
geiht mit. Mann, is de di dör'nanner. Luurt
dor an de Stroot, den Jung an de Hand, un
de Deern steiht dorgegen. Se kickt no links,
süht mi, klor, se hett mi sehn, blots de Deern
nich, de süht dat Iescafé up de anner Stroten-
siet, un wohrschienlich hett Oma ehr Ies ver-
sproken, un as se nu endlich meist dor sünd,
dor kann se't natürlich nich aftöven un se
löppt los, de Ogen liekut up dat Iescafé – un
ick seh wat rechts in'n Ogenwinkel, een Ge-
sicht mit blonde Hoor, ick seh Ogen, de wiet
openreten sünd un denn mookt dat *rumms,*
un ick stoh ook al up de Iesen, de Rööd
blockeert, dat Gummi rumpelt över dat Stro-
tenplooster, un denn steiht de Wogen ook al

33

... un ick ... mööt nu utstiegen. De Fro schreet. Un de Jung seggt:
»Du hest mien Süster umföhrt.«

Why she had to go
Gas, weg, Gas weg. Hier is Eva to Dode komen.
I don't know she wouldn't say
De hett hier seker mit'n Rad över de Stroot wullt. Wat hett so'n dösige Deern hier buten up'n Lannen mit ehr Rad över so'n grode Bundsstroot to föhrn? Dat mööt een doch weten, dat hier de Autos rasen doot as de Verrückten. Kien Ampel, kien Zebrastriepen. Hier ward Gas geven. Hier fallt de Lüüd in, dat se no Huus willt.
Oh, yesterday came suddenly

Ick mööt ene smöken. Klor, weet ick ook, dat een hier in't Krankenhuus nich smöken dröff, man wenn ick nu an't Finster goh ...
»Wo sünd denn Dien Öllern?«
De Jung kickt mi nich an.
»Mookt Urlaub in Norwegen.«
»In Norwegen?«
»De sünd vörgüstern wegfohrt.«
»Un Oma ...«
»Oma paßt up us up.«
Dat deit se ja man nich. Lett eenfach de Deern alleen lopen. Kann de sick nich 'n annern Weg no't Iescafé söken? Mööt de just dor, wo ick

fohren do, över de Stroot röver? Dat gifft doch dusend anner Steden an disse Stroot. Doch just in den Momang, as ick ...

Oh, I believe in yesterday

Twee Glas Beer, dat is doch nich toveel. Schall ick denn an so'n een Ovend blots Selterwoter drinken? Ward di ja ganz kribbelig von in' n Buuk.

I said something wrong ...

Hett de Vörsitter ja ook utgeven. Klor, wenn se em wedderwählt, denn mööt he ran. Un denn schall ick seggen: Velen Dank, ick mööt noch föhren? Lachhaft.

Oh, yesterday came suddenly

Dat neje Auto von Heinz. Klor, dor muß een up stohn. Twee sogor. Twee lüttje Logen. Gott, wat is dat al. Ick weet doch, wat ick afkann.

Hauptsook, nüms markt nu wat.

Dat hett mi noch fehlt:

»Bitte kommen Sie doch mal eben mit zur Blutprobe.« Is in so'n Krankenhuus je egens ganz eenfach. Pieks, 'n beten Bloot aftappen, twee lüttje Logen, dat bringt, na, 0,8, wenn nich 1 Promille, denn is de Lappen weg.

»Im Namen des Volkes ergeht folgendes Urteil ... 2 Jahre wegen fahrlässiger Tötung unter Alkoholeinfluß ...«

Now I need a place to hide away

De Pleger is dor.
»Ja, so is nix to sehn. Wi mööt aftöven. Just bi
so lütte Kinner is dat nich so licht to kennen.
Wenn se disse Nacht goot översteiht ...«
Nu jümmers fein no binnen inaten un denn
ganz sachten rut, dat nüms wat marken deit.
Oh! De Jung ... he hett 'n Kaugummi.
»Kannst mi een Striepen afgeven?«
He kickt mi nich mol an.
»Du hest mien Süster umföhrt.«
»Een Kaugummistriepen blots.«
Disse Jung, dat mööt een ganz dösig, afgrund
dösig Kind ween. Halvklook, halvgoor. Wenn
de no School kümmt, de armen Schoolme-
sters.
»Kannst' mi nich een ... weeßt du, ick heff
so'n drögen Hals ...«
»Nee.«
»Nu wees doch nich so, du büst doch 'n Kum-
pel, oder ...«

Love was such an easy game to play

De ole Fro kümmt. Se begrippt nix.
De Pleger hett ehr bi de Hand nomen.
»Up den Röntgenschirm weer nix to sehn.
Dat is al een goot Teken. Man wenn se speen

deit vonnacht, denn mööt Se foors wedderko-
men ...«
»Ick?«
»Se roopt denn an'n besten 'n Krankenwo-
gen.«
»Ick schall wedderkomen?«
»Mit de Deern, versteiht sick. Denn ... denn is
dor amenn doch wat ...«
De Jung wiest mit'n Finger up mi.
»Du hest mien Süster umföhrt.«
Oma wies em trecht.
»Disse Mann hett us hier no Krankenhuus
föhrt, Jung, de hett kien Schuld.«
Kien Schuld, seggt se, kien Schuld.

Suddenly, I'm not half the man I used to be

»Velen Dank, dat Se us hulpen hefft.«
»Du hest mien Süster umföhrt.«
»Jung!«

There's a shadow hangin' over me
Goot, denn koom ick even 'n viddel Stunn loter
no Huus. Ganz suutje mit 80.
m-m-m-m-m-m-m-m-m

De Oma weer di wat von ut de Tüüt. Klor,
wenn ehr Enkeldochder umföhrt ward un de
Olen in Norwegen sünd.

I said something wrong

Wat? Nu is al wedder Middernacht vörbi. Krüüz hen oder her, ick mööt no Huus.

Oh, I believe in yesterday.

Geiht doch nix över een goot Musikprogramm in't Radio.

Der liebe Gott sieht alles

Mien lütten Jung, de geiht ja nu in de eerste Klass un klor, de School speelt ja bi em un sien Frünnen de allergröttste Rull. So kreeg he sick güstern mit sien Dischnober Peter ja meist dat Strieden. Un twors harrn se woll in de School wat över dat Jüngste Gericht höört. Tomindst snacken de beiden egoolweg över den leven Gott, un dat de ja allens weet, wiel he ja allens sehen kann. Un wenn denn dat Jüngste Gericht kümmt, denn kann de leve Gott sick noch up allens besinnen, wat een in sien Leven so an slimme un ook gode Soken anstellt hett. Peter wull dat nich glöven. Bi so veel Minschen, de alleen all hier bi us in de Stroot un up den Weg no de School wohnen doot, dat kann nich angohn. De leve Gott, de schrifft sick bestimmt wat up.

Phh, sä do mien Jung blots, dat weer fröher mol, dor harr de so'n dick Book, Fibel oder wo dat heten deit, dor hett he allens in upschreven. Man dat

Book is lang vull. So een steiht bi us in't Regool, kannst sülvst rinkieken ...

Peter dor nu gegen an:

Ick heff ja ook gor nich seggt, dat de leve Gott een dick Book hett. De hett bestimmt al lang 'n Computer, so as mien Vadder een hett.

Nee, dat glööv ick nich, sä do mien Jung wedder, de leve Gott hett so'n Laptop as mien Vadder een hett. De is veel praktischer, wiel de up Akku löppt un he den ook mitnehmen kann. De leve Gott, de is doch veel up Tour, wenn he sick de Minschen be-kieken deit, un dorum hett he 'n Laptop.

Quatsch, sä Peter nu. De leve Gott will doch se-ker ook mol een CD-Rom inleggen un Mario I oder II spelen, un dat geiht blots up'n Computer.

Rrrhh.

Ick kunn marken, dat mien Jung dor nix mehr up seggen kunn. Ook he kunn sick schiens goot vör-stellen, dat de leve Gott no een langen Arbeitsdag mol 'n beten utspannen mööt un spelen will. Man dat he dorum just so een Computer hebben schull as Peter sien Vadder un nich usen Laptop, dat kunn mien Jung denn doch nich goot verknusen.

Dorum keem he bi mi an:

Gerd, nu segg du doch mol, hett de leve Gott 'n Computer oder 'n Laptop?

Ick sä: De leve Gott hett'n Computer *un* 'n Lap-top. Een för sien Computerspele un een för ünner-wegens to'n Upschrieven. He bruukt beides. – De beiden Jungen keken sick an – un lepen denn ut de Stuuv.

Wo willt Ji hen?

No Peter, Mario I un II spelen – so as de leve Gott …

Lottospelen

Veel Lüüd dröömt ja sünnerlich to Wiehnachten dorvon, dat se so batz up enen Slag Millionäre sünd. Blots willt se nix dor för doon. Un wiel dat so is, dorum gifft dat Lotto un Toto.

Un denn sitt se an'n Sünnovend un bibbert, wenn de Kugeln fallt – un se wedder nich dorbi sünd.

Mit dat Footballtotospelen is dat ja nich veel anners. Jedeen hett ja nu mol sien Favoriten un will, dat de gewinnt. Un wenn ook de letzte gegen den eersten, mol seggen Bayer Uerdingen gegen Werder oder Bayern spelen deit, un dien Fro kümmt ut Uerdingen, denn tippst du doch för Uerdingen – ook wenn se mit Sekerheit verleert. Ick meen, Uerdingen heet ja nu KFC Krefeld, overs gegen Werder verleert se dorum noch jümmers. Un denn dat lange Gesichter, wenn de Tohlen dörgeven ward.

Dissen ganzen Stress will ick nich hebben, ick will mien Spoß hebben un ook gewinnen. Un dat geiht so: ick goh no mien Lottounkel un hool mi een Packen Schiens. Denn füll ick allens ut, so recht mit Pli. Also miene leevsten Lottotohlen, de heet: 1, 2, 3, 47, 48, 49. Chance 1 : 13 Millionen oder so. Een schöne Reeg is ook: 2, 12, 22, 32, 42 – un denn noch de 4. Is mien Geburtsdag. Bi Toto mook ick dat meist just so: bi mi geiht dat streng no Sympathie. Also: Dortmund gegen HSV. Kloren Fall: HSV kriggt een an de Mütz. Dat deit mi leed, also tipp ick för miene Jungs: 2. Nu Rostock gegen Bayern. Segg jedeen: 2, Rostock kriggt wecke an'n Piepenkopp. Nich bi mi: 1. St. Pauli gegen Werder. Ganz Hamborg brüllt: *Jetzt geht's los.* Ohn mi – unentschieden: 0. De Bööm wasst nich in' Himmel.

So kannst du doch nich gewinnen un ook kien Spoß hebben!

Doch, ick kann!

Ick geev de Schiens eenfach nich af. Jawoll. Wenn denn de Lottokugeln fallt, denn weet ick doch: miene 1, 2, 3, 47, 48, 49 fallt bestimmt nich. Eenmol harr ick kortens dree Richtige. De heet bi mi: Harr-ick-man-Dree'er. Also kien Stress. Un wenn de Bundesliga speelt hett, denn heet dat bestimmt: HSV verloorn, Rostock 2 to 2 un St. Pauli wunnen – mit veel Glück. Akroot so heff ick nich tippt. Kann kien Arger upkomen.

Un mien Gewinn?

Also, wenn ick dat mol so tohoopreken, denn kunn ick doch licht jede Week so bi twintig Mark vertippen. Do ick overs nich. Ick tipp up miene Oort, siet fief Johr al. Reken dat mol ut. Un denn tell mol tohoop, wat du in de letzten fief Johr wunnen hest – minus dienen Insatz.

Na – sühst woll.

De klökere Tipper gifft nich af.

Immer ich

Glöövst du an Schicksal oder so, also mol seggen, dat di wat vörbestimmt is?

Ick weer mi ja lang in'n Twiefel, doch nu weet ick dat: to Wiehnachten is dat Schicksal gegen mi. Also dat is doch keen Tofall, wenn – so as letzten Sünnovend – ick mit mien Familie to'n Wiehnachtseten-Inkopen in so'n groden Supermarkt fohren do, un mi 'n Keerl in so'n ganz klöterig un rusterig Auto för mien Nees den aller- over ok allerletzten Parkplatz wegnehmen deit. 'n Viddelstunn muß ick töven, ehr dor een keem un wegfohren dee – no dat de Keerl sien Riesenwiehnachtsinkoop umständlich in sien Kufferruum verstaut harr.

Denn dat Söken no den Inkoopswogen – teihn Minuten – un natürlich harrn wi kien Markstück, mussen wi eerst bi anner Lüüd gegen teihn Groschens tohoopbedeln.

Nu rin in't Gewöhl. Natürlich, natürlich: de Spekulotius all. De Karpen: all. De Hirschbroden: all. Bi den Rootwien geev't blots noch de söten, un bi't Fleesch geev't blots noch Kasseler – harrn wi de anner Week al tweemol hadd. Appelsinen harrn se tomindst noch, un Soltstangen, Chips un een Sechserpack Flens. Schöne Wiehnachten! Nu ran an de Kass – klor: Slangen bit retour in de Keesafedelung. In de Twüschentied heff ick mien lütten Jung söcht, de bi't Speeltüüg behangen bleven weer, nu over al de Videos funnen harr. »Kiek mol, de kost blots 39,80 Mark dat Stück.« Still! Retour no mien Fro, de in de letzten teihn Minuten dree Meter vöran komen weer, denn vör us bugseer een anner Familie nich blots twee vulle Inkoopswogens vör sick her, nee, se harrn sick ook de Tischtennisplatte ut't Angebot köfft, de se nu overs nich dör de Kass kregen, to breet! Also heff ick mit anfoot, de rövertoheven un mi dorbi tweemol den Kopp stött. Nu stell sick ook noch rut, dat de Huusherr to minn Geld bi sick harr, ja, Wiehnachten is düür, he also eerstmol bi den Geldautomoten wat trecken muß – un dat Töven mookt Spooß! Un as wi denn endlich an de Tour weern un twee Artikels: dat Deo von mien Fro un dat Video von mien Jung nich uttekent weern, also twee Verköpers utropen warrn mussen: *Herr Schulz und Frau*

Kramer bitte Kasse drei – un denn ook noch de Papierrull in de Kass to Enn güng, dor – dor heff ick genau markt: To Wiehnachten is dat Schicksal gegen mi, *gegen mi*, doch warum blots?

Slipsen

Wat, du hest noch keen passlich Wiehnachtsge-schenk för Dien Vadder oder Dien Mann funnen?

Schall ick Di mol een goden Tip geven: Een nejen Slips. Nich originell genoog? Ha, Du möößt man eerst den rechten för Dien Keerl rutfinnen, dat is nich so eenfach. Denn jümmers noch gellt de Snack: Wies mi dienen Slips un ick segg di, wat för'n Keerl du büst.

Ja. Ick glööv dor ja fast an, dat een över den Slips veel över een Mannsminsch rutkriegen kann.

Is Jo t. B. al mol upfullen, dat dünne Keerls, also disse ganz mogeren, dat de ook jümmers ganz dün-nen Slipsen mit'n ganz lütten Knutten drägen doot? Un tomeist sünd de ook noch eenfarbig – un wenn't ganz slimm ward – ut so Speckledder. De Dünnen willt nich upfallen, dorum sünd se dünn – un ehr Slips ook. De Dicken dorgegen möögt de bunten mit'n groden Knutten. Is so. Upfallen um jeden Pries.

Man dat interessantste sünd ja de Motiven up de Slipsen. Annerletzt weer ick up so'n Ehrung för een Bibliothekar. Un wat schall ick Jo seggen: acht von twintig Mannslüüd harrn Slipsen um, wo Böker up druckt weern. Is dat nich infallslos?

Denn kortens up een Geburtsdagsfier – also Sektempfang – un dat Geburtsdagskind weer een Muskant, de ook een poor Leder komponeert harr. Sien Fro harr sick dorum för em wat ganz Besünners utdacht: se hett för em een Slips neihen loten, up den Noten to sehn weern, Noten von sien Leder. Jedereen, de em de Hand geven de, muß nu, of he wull oder nich, up de Noten kieken, un wiel dat ja tomeist ook all Musikers weern, füng jedereen an, de Melodien up den Slips to fleuten.

Pff – Pff- Pff- Pff.

Un dat Geburtsdagskind weer stolt:

Ja, dat Leed heff ick al 1964 schreven. So lang is dat al her. Un kiek mol dit hier: Pff-Pff.: 1958 – för mien Fro, weeß noch, Elke?

Wat mien Slipsen angeiht – ick loot mi de ja jümmers to Wiehnachten von mien Kinner schenken. De weet, wat to mi passen deit. Anner Johr harrn de wedder een nejen för mi funnen. Een dezent blauen – mit Donald-Duck-Figuren dor up.

Also, Kinner, ick weet nich …

Doch, doch, de passt to di …

Un denn seh ick disse dree Rabauken un den armen Unkel Donald, weeß doch, den dat jümmers

all toveel ward un de dorum egoolweg vör Vergrel-
ligkeit in de Luft springt un »Wäähhhh« brüllen
deit.

Doch de Kinner weern sick enig:

Een passlicher Wiehnachtsgeschenk harrn wi för
Di gor nich finnen kunnt.

Mensch und Technik

Ick will annerletzt mit mien Auto in een groot Parkhuus rinfohren – mien egen Wiehnachsgeschenk inkopen – doch de dösige Parkschievenautomot lett mi nich rin: *Alle Plätze sind belegt.* Klor, is ja Wiehnachten. Doch ick denk, du kannst mi mol. Ick drück eenfach up den Knoop. Nix. Nochmal drückt. Wedder nix. Ick krieg di. Wedder drückt.

No teihn Minuten gifft he endlich no un seggt mit so'n Computer-Stimm: *Willkommen im Kaufhaus. Bitte entnehmen Sie die Karte.* Dat ward ook Tiet. De Pohl geiht hooch. Na nochmal 10 Minuten Kurveree heff ick endlich een Parkplatz funnen – un nu geiht't treppup-treppdool in de Möbelafedelung. Ick will to Wiehnachten een Fernsehsessel hebben. Doch ick krieg em nich: De Computer is afstört. Deit mi leed, seggt de Verköper. Man de is ook in Wiehnachtsstress ... Schiet Technik! Puul ick em een bi, denn drückt Se mi overs tomindst

51

even de Parkkort af. – Geiht nich. Se mööt wat inkopen. Dat geiht över de Kass, un ohn Verkoop deit se dat nich. Velen Dank!

Also ick retour in't Parkhuus un dor de Kort nu in den Kassenautomoten rinschoven. *Bitte zahlen Sie drei Mark.* Dree Mark – för – för nix? Ick smiet een Fiefmarkstück rin. Doch dat Wesselgeld verhookt sick. Ick bummer gegen den Automoten – nix. Ick hau nochmol. Dor! De Kort kümmt rut – overs nich dat Geld. Dorför kriggt he ook noch een mit'n Foot. So!

An de Utfohrt is wedder so 'n Automoot. Ick steek de Kort rin, un dor is wedder de Computer-Stimm: *Karte falsch eingeführt.* Ooh, also annersrüm – doch wedder: *Karte falsch eingeführt.* Nochmal umdreiht: *Karte falsch eingeführt.* Rrrhhh. Ick drück up den Alarmknoop. Un no'n teihn Minuten kümmt endlich een Wachmann. De nimmt de Kort – schüfft se rin – un hoch geiht de Pohl. Ja seggt de Keerl noch, as wenn de Automot Se nich lieden mag. Un dat so kort vör Wiehnachten – schullen Se mol över nodenken.

Jerusalem, Rom, Hamborg

Ick wull ja al jümmers mol to Wiehnachten no Jerusalem. Dat schall ja een ganz imposante Stadt ween, vertellt all de, de dor al mol ween sünd. All de Karken un Tempels, dat Dör'nanner, Bi'nanner un leider ook Gegen'anner von de Religionen, dat hett sien Sporen in disse Stadt achterloten. Doch ick weet nich so recht, of ick de Reis överhoop wogen schall. Denn ick heff kortens höört, dat männig Lüüd in Jerusalem reinweg von'n Padd afkoomt, dat se afheevt oder gor dördreiht. Wenn socke Lüüd, mol seggen, so veerteihn Doog dör Jerusalem marschiert sünd, denn kümmt dat, denn kriegt se 'n Rappel un meent, se sünd Jesus. Echt wohr. Dat is sogor een Schoolmester passeert. Wat heet sogor? Ick heff ja so mien egen Menen över Schoolmesters, un dit passt dorto. Also: dissen Schoolmester överkeem dat eens Morgens un he sä to den Koch von sien Hotel: »Ick bün Jesus Christus.« Un de hett dat nich glöövt. Dor is Jesus, also de

Schoolmester, vergrellt worrn, is no de neegste Polizeistation lopen un hett schullen över den Koch. »Utverschoomt, mi dat nich to glöven! Unerhöört!« Weeßt doch, wo Schoolmesters sünd.

De Gendarms wussen glieks Bescheed. De kennt dat al. Sowat passert dor fokender. De een meent, he is Jesus, de anner Johannes, Maria un wat weet ick. Jesus steiht ganz bobenan. Dat bildt sick de meisten in, denn kümmt de leve Gott un an drüdde Stee de Düvel. Is doch interessant. Bi de meisten gifft sick dat no de Tiet, also na een poor Doog tohuus meent se wedder, se heet Jan Meier un Kuddel Dreiher.

Nebenbi: de Dokters in Jerusalem scheert sick nich groot um Gott, Jesus un den Düvel. De loot de Touristen in ehrn Gloven. Ehr wedder dooltohooln bekümmt de Lüüd nich goot, meent se. Se sünd glücklich in ehr neje Rull.

Is ook een Standpunkt.

Ick stell mi just vör, mi wurd dat passeern. T. B. bün ick anner Johr mit mien Fro in Rom ween, un nu mool di dat mol ut: wi koomt as Cesar un Kleopatra no Düütschland retour. De Novers, de wurrn overs Ogen moken.

Oder ick keem up den Bolzen un bill mi in, ick weer de Poopst. Ook nich slecht. Doch eerstigmol bün ick ja nich kathoolsch un to'n tweden: Wat schull mien Fro denn woll seggen?

Oder ick fohr no Paris un meen, ick weer Napoleon? Nich so goot. Dat meent ja al soveel Lüüd, dat de Kostümverleihers gor nich soveel Uniformen ranschaffen köönt. Nee, dat is nix.

Nee, ick fohr na London un denn mook ick wieder as Heinrich VIII. Dat weer de mit de velen Froonslüüd. Un wenn he de över weer, hett he se umbrocht. Ook nich goot.

Nee, ick bliev lever de, de ick al jümmers ween bün. Dat schall woll dat beste ween. Un mien Fro is denn ook tofreden. Denn wecke Fro in Hamborg kann al von sick seggen, se harr Hans Albers to'n Mann.

Enkelte Socken

Ick heff ja een recht grode Familie – wi sünd to söß, un söß Lüüd, de heff twölf Fööt, un to twölf Fööt, dor höört meist een ganzen Barg Socken to. Un Socken, de sünd dat grode Drama in us Familie.

Socken, de hört ja to de Buntwäsche – 40 Grad, nich mehr, anners loopt se in. Dat is avers nich dat gröttste Problem. Wenn mien Fro oder ick, wenn wi de Waschmaschin ansmieten doot, denn paßt wi jümmers up, dat wi ook man jo de Socken poorwies waschen doot, man up 'n gediegene Oort un Wies kriegt wi nich all de Socken poorwies wedder ut de Maschin rut – oder dat passeert up den Weg von de Waschmaschin in den Tümmler oder in de Tümmler sülvst: wenn ick de Wäsche tohoopleggen do, denn blieft dor doch tomindst jedetmol dree enkelte Socken bi över. Wi wascht pro Dag tomindst doch ene Maschin, söß in de Week, un dat mook 18 enkelte Socken. In us Wäschekommode hefft wi dorum al siet Johren twee Schuvladen blots för disse enkelten Socken. Eenmol in de Monoot sett wi us all tosomen – un denn heet dat: Söök den tweden. Mol hefft wi bi so een Gelegenheit 25 Poor tosomenkregen. Doch wat mi nich in'n Kopp will: so um un bi 15 Socken blieft dor jümmers bi över. Un ick heff dat Geföhl, dat sünd jümmers de sülvigen.

Ick heff dat Problem för mi ja een för alle Mol ut de Welt schafft. Eenmol wull ick mi morgens een poor frische Socken antrecken – un fund doch nich twee, de to'n anner passen deen. Un dat weer een Dag, wo dat 'n beten up dat Tüüg ankomen dee: een olen Kooleeg wull up Rente gohn – un dor schull wat von mookt warrn mit Empfang un Reden un so.

Overs: kien twee passliche Socken to finnen. Wat muß ick doon: dool in'n Keller, den Korf mit de schetterige Wäsche umstulpt un dor denn een Poor wedder rutsöcht, un dat eenzige, dat ick finnen kunn, dat weern de griesen, de ick den Dag vörher bi't Footballspelen anhadd harr. Also, dat weer natürlich to marken, dat de egentlich eerst in Waschmaschin mussen, doch wat schull ick moken? Ohn Socken kunn ick doch nich los – un mit twee verschedenfarbige, een grönen un een gelen t. B., dat gung doch erst recht nich. Nee, ick heff disse griesen Footballsocken antrocken, heff dor een beten OdeKolonje upspüttert un de dichtesten Schoh antrocken, de ick harr. Na, denn los. Un wat schall ick

seggen: nüms hett wat markt. As mien Deern mi
kortens froogt hett, wat ick mi to Wiehnachten
wünschen do, hebb ick seggt: föfteihn Poor swatte
Socken von een un desülvige Oort. Denn swatt
passt ja ook överall to.

Fröhstück – Stress!

Geiht jo dat ook so, dat de Vörwiehnachts-Fröh-stückstied de stressigsten Minuten von't Johr sünd? Un dat liggt an de Zeitungen. Nee, nich direkt an de Zeitungen, an dat, wat dor in liggt, an disse Reklameprospekten. Dat fang ja all an, wenn ick de Zeitung ut'n Breefkasten holen do. Knapp heff ick se in de Hand – ffttt! – liggt al de Prospekt-kroom up de Grund. Hest du Lust morgens Klock halv söven al so glitschig Papier von de Grund up-toheven? Ick nich. Fallt mi tweemol wedder ut de Hand.

Denn kümmt ja de Familie an'n Disch un knapp, dat se dat eerste Stück Bröötchen in'n Mund hefft:

Wo is denn de Zeitung?

De lees ick! Ick heff se ook rinhoolt.

Nu ward wedder afbeten – un denn: De Zeitung will ick ook ja gor nich hebben, overs geev mi doch mol de Reklame.

Geern, hier.

Doch nu geiht dat Malöör los.

Oh, kiek mol hier. So'n Winterjack, de wurd mi ook goot stohn, kiek mol Gerd.

Wat? O ja, schön.

Un hier, dat is doch ook wat för Di, so een Bluson, to Wiehnachten, in gröön, Gerd, oder kleed Di gröön nich so goot … Wat meenst? Heh, kiek doch mol.

Mann, ick will de Zeitung … na schön, gröön, kleed mi overs nich, passt nich to miene blauen Ogen.

Siet wenn hest du denn blaue Ogen, de sünd doch eher … kiek mi mol an.

Nee, ick will de Zeitung lesen.

Nu koomt ook de Kinner – un twüschen Kornflakes un Nutella fallt se ook över de Prospekten her. Gifft ja meist jedeen Morgen för jedeen wat.

Oh, Gerd hier, disse Rollerblades, Randi hett ook socke, blots ick nich. Sünd ook gor nich düür … to Wiehnachten …

Un denn is de Jung ook al dor: Game-boy, Game-boy will'ch haben …

Un denn wedder mien Fro:

Hier Gerd: Teppiche, kiek mol disse Teppiche …

Ick segg: Jo, dat kenn ick al mit disse Teppiche, de sünd wedder mol radikal doolsett, von fiefdusend up 800 Mark, wiel se to Wiehnachten ehr Logers rümen mööt, radikal utrümen mööt, un ook disse Rollerblades un Gameboys, de verschenkt de

Firmen – för ganz wenig Geld. Ick will mien Zeitung lesen, basta. Dammignochmal. Minsch.

Overs weet Ji, wat ick mi swoorn heff: morgen fröh stoh ick extra twee Minuten fröher up, hool de Zeitung ut'n Kasten un sorteer foors disse Schietprospekten ut un smiet se in de Mülltunn – dat ick endlich mol in Roh fröhstücken un mien Zeitung lesen kann.

Papa un Opa

Sünd twee Minschen mit'nanner verheiroot un kümmt dor 'n Kind to, een Dochder t. B., denn ward ut de beiden upmool Mama un Papa. Nich blots de Deern seggt Mama un Papa, ook de Öllern unner'nanner roopt sick nu upmol so. Fröher sä he also foken: Greet, bring mi gau even 'n Buddel Beer mit, nu mööt Mama dat doon. Wenn denn ehr Dochder ook wedder 'n Kind kriggt, een Söhn t. B., denn sünd se upmol Oma un Opa – ut de Sicht von ehr Enkelsöhn un ook in de Ogen von ehr egen Dochder. De is nu sülvst to'n Mama worrn, för ehrn Jung un ehrn Papa, dat heet, ehrn Mann.

Nu loot disse Familie mol kort vör Wiehnachten in een Koophuus gohn. Dor sünd se nu in de Plünnenafedelung togang. De Froonslüüd hefft just de Oberhemden to foten un berootsloogt nu, för wen se wat inkopen köönt. Kiek mol dit schöne buntkarierte, dat weer doch wat för Vadder, seggt de

Dochder. Oma will overs nich, dat Vadder as een Papagei dör de Gegend lopen deit: nee, dat is doch veel to bunt för em. Denn is Wiehnachten för us al in'n Mors.

Dat is *doch* wat för Opa, seggt nu de Jung ganz neeswees. Neee! posaunt sien Oma. Dat wurd Papa goht stohn, seggt se. Wat nu upmol? Even hest du noch seggt, dat weer to bunt för em.

För Vadder is dat to bunt, doch nich för ... för Papa.

Du meenst för Opa, denn wat Vadder to Wiehnachten kriggt, dat hest du ja woll nich so bestimmen.

Dat hefft nu de Mannslööd höört un koomt dor överto. Worum geiht't?

Wiehnachtsstress? will Vadder nu weten, dat heet Opa. Dit Hemd hier ... Oh, dat wurd mi doch goot kleden, wat Mudder? Doch Mama, dat heet Oma, mag dat je nu mol nich lieden, blots ehr Dochder, ook Mama, gifft dat nich över: Vadder, wat meenst', dat weer doch wat för Opa.

Ehr de wat seggen kann, queest nu de Jung los: Papa, Opa kriggt een neet Hemd to Wiehnachten, Papa, denn will ick ook een hebben.

Möößt du Mudder frogen.

Ja ... äh, welke denn?

De jümmers soveel Stress moken deit!

De Wiehnachtsfier

Vör'n poor Ovends weer ick bi een olen School-kamrood to'n Wiehnachtsfier inloodt. Un disse Fent hett sick infallen loten, dat up'n Dörpen in so ool Weertshuus to fiern. Dat schull ja so ween as fröher. Is ja egens een schöne Idee, blots nu muß je jedeneen mit'n Auto anreisen – un d. h. de Fohrer mööt dröög blieven. Un as ick ut'n Huus gung un losfohren wull, dor sä upmol so een Stimm deep in mi binnen: *Gerd, vergeet de Papieren nich!*

Hhmm. Also ick nochmol utstegen un heff denn disse Papieren söcht, de ick denn no'n Viddelstunn endlich finnen dee: in miene egene Manteltasch.

Na, denn ja los, Gas geven un keem ook noch up Tiet an. Un wat geev't vörweg: 'n Glas Sekt, is ja klor. Un ick denk so: Na, een Glas, dat mookt ja nix, de Ovend is lang, bit Middernacht hest du dat lang utsweet. Doch ick höör wedder een Stimm deep in mi binnen:

Kien Sekt, Gerd, Selterwoter.

64

Hhrrh. Na ja, recht hett se jo, de Stimm, man *een* Glas … Nee, is al goot. Selterwoter.

Nu geev't ja wat to eten, so von't Buffet, hhmmmh. Un dat schöönste is ja för mi jümmers de Keesteller un dor denn 'n Glas Rootwien to. As Gott in Frankriek. Doch ick harr den Buddel noch nich mol anfoot, dor höör ick al wedder de Stimm deep in mi binnen.

Gerd, loot dat Supen!

Wat heet hier supen, ick wull doch blots …

Gerd!

Also de ganze Wiehnachtsfier weer mi verdurven. Ick bün al gegen halv twölf wedder wegfohrt. Doch as ick man even von den Parkplatz doolweer, seeg ick upmol achter mi een Auto in'n Spegel. Un denn: Lichthupe. Ick denk noch just: Wat schall dat denn? as ick ook al 'n poor rode Bookstoben seh: **Stop, Polizei.** Ick denn ja rechts ran – un wat schall ick jo wat seggen: Mien Blootdruck stiggt, mien Hart sleit gauer, de Hannen ward mi natt.

»Guten Abend, allgemeine Verkehrskontrolle. Bitte den Führerschein und die Wagenpapiere.«

De hett de Gendarm mitnohmen un dör sien Bordcomputer checkt – un denn keem he retour.

»Herr Spiekermann, haben Sie heute irgendwelche alkolholischen Getränke zu sich genommen?«

»Nein!«

Un in dissen Momang mell sick wedder de

Stimm deep von binnen. *Los, Gerd, segg em dat noch düütlicher, anners glöövt he dat nich.*

»Ich trinke nie, wenn ich Auto fahre.«

»Das ist vernünftig. Gute Fahrt.«

Ick denn ja wiederfohrt – un no'n lütte teihn Minuten keem wedder de Stimm deep von binnen:

Gerd … Hhmmh. Verdeent hest du dat nich.

Töven up Wiehnacht

As Kind keem mi ja de Tiet vör dat grode Fest
gräsig lang vör. Dat geev ja Doog, wo ick rein
nich wuß, wo ick dat uthooln schull. Jümmers
wedder bi Vadder un Mudder nofroogt: Wo lang
duurt dat denn noch? Noch fief, noch veer, noch
dree Doog ... Männigmol harrn de Olen von
mien Frogeree ook so de Nees vull, dat se säen:
»Wenn du noch lang froogst, denn kümmt he
ameen gor nich, de Wiehnachtsmann.«
   Oha, dat seet. Dor weer ick ja still. Un denn leeg
ick 's nachts in mein Bett un kunn nich inslopen, un
denn duur dat ja allens noch länger.
   Na, toletzt keem denn ja doch de grode Dag, un
dat weer ja de slimmste överhaupt. Nu wurrn ja de
Stunnen, nee, de Minuten tellt. Bi uns leep dat so
af: um halv fief gungen wi hen, mien Süster un ick
un holen Oma af – för de Kark. De duur ja bit vid-
del na söß, denn Opa afholen un nahst na Huus.
Denn eerstigmol Ovendbroot eten. Dat duur ja

sien Tiet. Un denn, so ganz bi lütten, keem de Bescherung. Een Qual, de Töveree.

Un dat hett nervt.

Un dorum heff ick dor mol an dreiht. Echt wohr. Dat weer wedder Tiet, Oma aftoholen för de Kark, un to so een Fest bunn sick Oma jümmers de gollen Armbanduhr um. De kreeg se blot eenmol in't Johr ut Nachtschapp: to Wiehnachten. Ook ditmol leeg se fein up ehr Frisierkommode, as ick Opa snacken höör:

»Ja, so gegen viddel na söß droopt wi us denn an de Eck.« De Eck, dat weer de Stroteneck, wo sick de Karken- un Hauptstroot dropen deen un von wo wi denn to us no Huus güngen.

Dor leeg also de Armbanduhr. Gau heff ick de nohmen un heff se eenfach um een viddel Stunn vörstellt.

Nu seten wi in de Kark un sungen de olen Wiehnachtsleder un keken up de Kripp, de ick ook al von't anner Johr kennen dee, un as de Wiehnachtsgeschicht keem, do sä ick:

»Oma, wo lang denn noch?«

»Psst. Still, Jung.«

O, dat kunn se nich goot hebben. Dat weer ehr genant, wenn ick so luut weer. Doch ick wedder:

»Oma, wo lang denn noch?«

»Bit dat ut is.«

Doch denn keem ick up de Armbanduhr.

»Oma, kiek mol up de Klock, dat is seker al viddel na söß. Opa steiht an de Eck un töövt al up us. Un dat is doch so koolt. Wi mööt nu rut ut de Kark. Oma, kiek up de Klock.«

Doch Oma puuß mi denn ganz liesen in't Ohr:

»Dumme Jung. Hest du dat nich wußt? Mien Armbanduhr is doch al siet Johren twei.«

De Wiehnachtsmann

Mit disse ganze Wiehnachtsmannspeleree, also, ick mag dat nich mehr. Johr för Johr heff ick dat mookt – för de Noverskinner – un de Nover för us, doch dit Johr – nee! Dat keem so: anner Johr harrn wi dat allens so fein organisiert as jümmers. He, de Nover, keem eerstigmol bi us, denn pack he buten in sien Auto dat Wiehnachtsmanntüüg mit all de Geschenken – in'n Sack. Un ick heff mi denn so gegen söß no buten sleken, ran an dat Auto un denn rin in den roden Mantel, den Plastikbort anbackt, de dicken Steveln an, den Sack up'n Puckel un denn pingeln. Novers Kinner harrn ja jümmers een hellischen Respekt för mi – wenn ick mit mien depe Stimm sä:

»Na, sünd ji jümmers oortig ween?«

»Ja«, piepsen de denn. Un ick wuß ja, wat de över dat Johr so utfreten harrn, un sä denn blots:

»Un wat weer dat domols mit de Kaninchen, as ji de an de Ohren trocken hefft, un wat weer dat mit de Tapeten, de ji vullsmeert hefft? Na?«

»Och, leve Wiehnachtsmann ...«

»Na, goot, ick will ja kien Unminsch ween, doch neegst Johr mööt dat anners warrn ...«

»Ja, dat verspreekt wi.«

»Fein!«

Un denn griep ick in den Sack un verdeel de Geschenken, un de ohnungslosen Kinner bedankt sick, singt een Leed un seggt een Gedicht up.

Schön. Ja, bit letzt Johr. Dor heff ick een ganz lütten Fehler mookt. Wi harr een Geschenk in Verwohrung nohmen, so'n Puppenstuvv oder wat, de kunnen de Novers bi sick nich gefohrlos unnerbringen, also, dat de Kinner de nich dör een Tofall sehn harrn. Un de muß ick ja mitnehmen. Harr ick overs al lang wedder vergeten. Weer also al in Wiehnachtsmanntüüg mit roden Mantel un Plastikbort – un muß wedder retour. Ick denk: Schall woll gootgahn. Gung overs scheef. Tofällig weer de Lütte – 3 Johr oolt – in'n Flur un seeg mi mit de dösige Puppenstuuv hantieren.

»Gerd« – dat weer ehr eerst Woort.

Selten hett mi mien egen Noom so mall in de Ohren klungen. Wo de mi an kennt hett, weet ick nich. Un batz weern ok de annern Kinner dor un denn:

»Ach, du büst de Wiehnachtsmann. Dat kunn ick mi ja glieks denken. Un wer kriggt nu de Puppenstuuv!? De will ick hebben.«

»Nee, ick.«

»Du hest ja dat Fahrrad kregen …«

Wat een Gebrüll.

»De Puppenstuuv is för Jasmin – nebenan.«

»De schall kien Puppenstuuv kriegen. De nich, de …« Un so wieder.

As ick endlich mit mien Sack un de Puppenstuuv bi de Novers weer, hung bi us de Huussegen al lang scheef. Un dat an'n Wiehnachtsovend.

Doch dat slimmste kümmt ja noch. As ick wedder tohuus weer, seten mien Göörn bedrüppelt in de Eck. Endlich keem denn de twede Deern dor mit rut:

»Du büst also de Wiehnachtsmann …«

»Ja, mien Deern, bi Jasmin un David, nebenan. Un Hans, ehr Vadder, de kümmt bi us.«

»Dat is gemein.«

»Worum?«

»Ja, ji beiden bringt nie dat, wat wi us wünscht hefft. De echte Wiehnachtsmann schall komen, von den kriegt wi bestimmt allens, wat wi hebben willt.«

Hilligovend

Jümmers wenn't Hilligovend is, denn steiht mi een Bild vör Ogen, un twors de Gottsdeenst as ick fief Johr oolt weer. In dat Johr wurd dor von de Konfirmanden een Wiehnachtsspill opföhrt. Un dat fung ganz unvermodens an. No twee Leder un een Gebet von den Paster, keem dor upmol een Jung von de Siet rin un reep luut:

»Höört mol all her. Dor sünd just 'n Mann un een Fro mit ehr lütt Kind bi us in't Dörp rinkomen. De sünd smachtig, de freert un de weet noch nich, wo se disse Nacht slopen schöölt. Wi mööt ehr helpen.«

Knapp harr he dat seggt, sprungen veer / fief Jungs un Deerns up, stellen sick vör den Altar hen un berootsloon, wat se nu doon kunnen.

»Ick goh no Koopmann Meyer un hool Appeln un Banonen.«

O ja, dat is goot. Meyer sien Banonen sünd jümmers ganz lecker.

Un denn reep al de neegste. »Ick goh no Imker Wulf, de gifft us Honnig.«

Hhhm, Honnig, dat ward de dree gefallen. Doch upmol sä een Deern:

»Un denn goht no Spiekermanns, dor köönt se slopen.«

Gott, wat heff ick mi verjoogt. Bi us schullen de beiden mit ehr Kind slopen. Normolerwies harr dat gohn, denn wi harrn ja een Weerthuus mit Fremdenzimmers, doch kort vör Wiehnachten harr Moler Schulz anfungen, dat grode Dubbelzimmer to tapzieren. Blots he harr dat nich ganz klor kregen. Nu stund de grode Tapzierdisch noch dwars dör de grode Komer un dat Dubbelbett harrn se in de Eck schoven un mit Papier afdeckt. Dor kunnen de dree doch wohrhaftig nich in slopen. Un inbött harrn wi doch ook nich. Ieskoolt weer dat in den Ruum. Dat heff ick glieks mien Oma vertellt.

»Oma, dat geiht nich, de köönt nich komen, Moler Wulf mööt eerst noch …«

»Still, Jung.«

»Oma, he mööt noch toenn tap-«

»Sssh.«

»Tapzieren, Oma. Un denn inböten.«

Oma drück mi de Hand up den Mund.

Vörn harr se wieldes noch mehr överleggt. »Ick go no Plünnen-Bruns un hool Tüüg för dat Kind un 'n warme Deek.«

»Un ick froog Unkel Bolt, dat he de dree morgen mit sien Auto no de Bohn bringt. Se mööt ja noch wiederreisen.«

De kole Komer mit den Tapzierdisch, dat geiht doch nicht, heff ick jümmers wedder dacht. Un dor hett nohst ook all dat Verkloorn un Begööschen von miene Ollern nix an ännert.

As ick dissen Ovend mit all mien Geschenken in't Bett leeg, heff ick jümmers wedder överleggt: Wo möögt de dree Minschen woll disse Nacht ünnerkropen ween? Amenn doch in so een Stall bi de Keuh un de Schoop? Doch denn fullt mi in: een wull doch bi Plünnen-Bruns Tüüg för den lüttjen Jung un een Deek holen. Also freren mööt se nich in den Stall. As ick dat wuß, weer't goot un ick kunn endlich inslopen.

De Pelzmütz

To Wiehnachten, dor snackt se ja all veel von den leven Gott – un von Gerechtigkeit un so, un ick mööt seggen: siet mien Kinnerdogen glööv ick dor an – an de Gerechtigkeit – in lüütje Soken tomindst.

Kiek mol, dat weer je fröher so, dat wi alltohoop Wiehnachtenovend in de Kark güngen, dor meist annerthalv Stünnen up de harte Bank hen- un herrüüscht sünd, denn Oma un Opa afhoolt hefft un mit de beiden nohst sinnig no Huus gohn sünd. Dor wurd nu – noch nich beschert, dor wurd eerstmol von de Kark vertellt un de Leder nosungen. Denn keem noch dat Ovendbroot – un denn de Bescherung. Un liekers mi dat natürlich nervt hett, disse Töveree: ick weer dor von övertüügt, dat höört so. So is Wiehnachten. De leve Gott will dat so.

Un ick heff dor noch soveel faster an glöövt, as een Johr meist een Mallör passeert weer. In use

Kark brennen ja an Wiehnachten överall Kerzen, klor, man ook an de Ennen von de Bänk. Un in de Bank vör mi seet Familie Meyer. Von links no rechts: Mudder, Vadder, Oma un de beiden Jungs. Un ick muß dor blots eenmol henkieken un ick wuß: de hefft al Bescherung hadd. Ohhh. Stell di dat vör. De beiden Jungs, wo stolt se dor mit ehr nejen Anoraks seten, Oma harr schiens 'n grönen School kregen, de överhaupt nich to ehrn blauen Mantel passen dee, Vadder Meyer beföhl jümmers sien Ledderhandschoh un links, dor seet Mudder Meyer mit ehr Pelzmütz. De nehm se natürlich nich af, nee, dat upgeplusterte Höhnernest beheel so fein up'n Kopp, dat ook man jo jedeneen sehn kunn, wo dick ditmol Wiehnachten bi ehr utfullen weer.

Un ick bün ganz seker: dat hett den leven Gott nich gefullen. Un dorum hett he ehr ganz liesen in't Ohr snackt: *Berta Meyer – den Kopp no links.* Un se schoov den Kopp no links. *Noch mehr.* Un se deit dat. *Un nu noch 'n beten* – un upmol mook dat Fffffhhhhh! un de Pelzmütz brenn lichterloh. Berta Meyer schree up, reet sick dat Höhnernest von'n Kopp – un dat hett stunken – bahh.

Doch in den Momang heff ick wußt: Bescherung vör de Kark – nee, dat is verboden. Un dor hoolt wi us vondogen noch an.

O Tannenbaum

Een Johr is us Wiehnachten totol verscheeft. Totol. Un dat keem so: mien Süster keem Anfang Dezember mit ehr eersten Brögam anslepen, un stellt jo vör, dat weer 'n Franzoos. Nu hebbt wi bi us tohuus nix gegen Franzosen, in'n Gegendeel. Mien Vadder kennt ja ut siene Franzosentiet noch 'n Barg franzöösche Wöör: pommes de terre, merci un Pigalle.

Doch 'n Franzoos to'n Swiergersöhn, dat is ja nu doch wat anners. Dorum hefft mien Süster un ick denn överleggt, up wecke Oort un Wies wi em an'n besten inföhren kunnen. Un dor bün ick up de Idee komen, dat mööt an'n Wiehnachtsovend ween, wenn he de Öllern vörstellt ward. An'n hilligen Dag, denn snackt doch all von de Leev in de Welt, von't gegensiedige Verstohn un Vergeven, un dor kann doch denn kien Striet upkomen. Un denn dat beste: François, so heet de Brögam von mien Süster, de mööt een goden Indruck bi de Öllern achterloten. Un dat kann he an'n besten, wenn he een düütsch Wiehnachtsleed vörsingen kann. Bi us in de Familie ward ja veel sungen. Un wenn he as Franzoos an'n Hilligovend up düütsch singen deit, mehr köönt doch de Öllern nich verlangen. *Stille Nacht*, dat wull he nich. Dor is ja de ene sware Stee in, wo dat so hoch geiht: *schlaf in himmlischer Ruh -hu ...* Dor weer he bang, dat kunn he mit sien Stimm nich schaffen. *Süßer die Glocken*, dat wull he ook nich. Weer em to albern, sä he. Pah. Un denn sloog ick *O Tannenbaum* vör. De Melodie gefull em, doch eerstigmol mussen wi em dat över-setten. O, dat heet up franzöösch ook *O. Tannen-baum*, ja, dor weer't al ut. Mussen wi in't Wöör-book nosloon. Harr een doch blots beter uppaßt in de School! Un denn keem: *Wie grün sind deine Blätter.* Dat wull he nich glöven. De Dannenboom, de harr gar kien Blööd, sä he, de harr doch Nodeln, un dat weer ja ook gor kien Wiehnachtsleed, denn in de eerste Strophe keem dat Woort Wiehnachten nich in vör.

No so 'n lütt beten hen un her wull he't denn overs doch singen. De Anfang gung ook goot, doch denn keem de Stee: *Nein, auch im Winter, wenn es schneit.* Dat kreeg he nich hen. He sung jümmers. *Nein, auch im Wintäääär, wenn esse scheneit.* Dat hefft wi öövt un öövt. Jümmers wedder disse Stee. Ick heff denn bi ›Winter‹ ümmer up den Disch haut, nein auch im *Win* – ter, wenn es schneit. Un he jümmers, nein auch im Wint*äää*r wenn esse scheneit. Aus! Heff ick denn ropen, nochmol! Toletzt seet dat denn. He hett denn ook jümmers up den Disch haut.

Un denn keem de grode Dag, Wiehnachtsovend. In de Stuuv weer dat fein schummrig, de Geschenken legen ünner den Dannenboom, de lüchen dee mit all de Kerzen un dat Lametta un up den Disch Nööt un Spekulotius.

Hah, wedder mol Wiehnachten. Un vör wi bi de Geschenken goht, ward sungen. Wi fungen an mit *Leise rieselt der Schnee*, denn keem *Morgen, Kinder wird's was geben* un to'n Enn *O Tannenbaum*. François je nu vörnweg, de Öllern summen blots so'n beten mit, un lustern andächtig no den Franzosengesang, as de kritzelige Stee keem un he sung: *Nein, auch im Wintäääär* un hau ook noch up den Disch, dat de Nööt vun'n Teller sprungen un ick schree »Aus!« un »Nochmol!« – un Wiehnachten weer vörbi.

De Rest ... – ach, snackt wi dor lever nich över.

Dor is natüürlich nix ut woorn, ut de Geschichte von mien Süster un ehrn François. Noch an'n Hilligenovend hett se sick von em afmookt. Na ja, wenn he nich mol *O Tannenbaum* singen kann ...

Wiehnachtsbilanz

Wiehnachten is ja för mi dat schönste Fest von't ganze Johr, denn to Wiehnachten gifft dat ja jümmers de velen Geschenke. Dat Kriegen is ja de ene schöne Siet von dat Fest, over dat Utsöken un Beschenken, dat is ja noch veel schöner. Un an'n allerschönsten is dat ja, dat all de Geschenke, de een denn för de annern utsöcht un inkööfft hett, dat de denn al so schön in Geschenkpapier inpackt ward. Dat is mien Upgoov, dat kann ick an'n besten.

Wat schenkt wi denn dit Johr to'n Bispill Opa? Na, dat is ja woll nich so swoor, de kriggt 'n Buddel Cugnac so as anner Johr ook. Nee, al wedder 'n Buddel Cugnac, de höllt us ja för infallslos. Nee, de mööt ... de mööt ... Na? De mööt ... also goot, he schall wedder sien Buddel Cugnac hebben. Na, also, un ick drööv den Buddel denn fein in Geschenkpapier inpacken. Just so 'n Buddel, dat mook ja sünnerlich Spooß, den intopacken in dat schöne Wiehnachtsgeschenkpapier un boben an'n

Hals denn mit Tesa aftokleven. Geschenk Nr. 1, un wi sünd 15,50 Mark los.

15,50 Mark? Na ja, 14,99 för den Buddel Cugnac un 51 Penn för dat schöne Wiehnachtsgeschenkinpackpapier.

Nu koomt wi to Oma, de hett ja anner Johr so'n schönen Klenner kregen för de Köök, so een mit Motive ut Öösterriek. Januar/Februar/März – de Alpen in Snee, April/Mai/Juni – de Alpen in't Vörjohr. Juli/August/September – de Alpen in'n Sommer. Oktober/November – de Alpen in'n Harvst un Dezember – de Alpen in'n Wiehnachtswintersnee. Un dissen schönen Klenner mit de wunnerboren Motiven ut Öösterriek heff ick natürlich wedder up mien routinierte Oort inpackt in dat schöne Wiehnachtsgeschenkinpackpapier. Un den schall se dit Johr ook wedder hebben.

35,80 Mark.

Wat? 19,50 Mark för den Klenner un acht Groschen för dat Wiehnachtsgeschenkinpackpapier. Soveel? Na, bi so'n groden Klenner hest du Verschnitt, dat is nu mol so.

Nu koomt de Kinner. De grode will ja geern 'n egen Fernseher hebben, stell di för – 299,– bi'n Makro-Markt – denn weern wi al bi 336,20 – inclusive Wiehnachtsgeschenkinpackpapier, un de twede wünscht sick 'n lütte Stereoanloog. Geev't annerletzt bi Aldi för 179,90, dat mookt denn al 517,30 Mark, wenn wi, wat ja eenfacher is, dat Wieh-

nachtsgeschenkinpackpapier glieks dor mit tore-
kent. Un denn sünd wi al bi de drüdde, de will ja
geern 'n poor neje Inlineskaters hebben, nich den
billigen Schiet, denn dat schöölt ja wecke mit Mar-
kenkugelloger ween, kost 150,90 Mark un wi sünd
nu al bi 668,20 Mark, wenn ick de Inlineskaters up
miene professionelle Oort mit dat wunnerbore
Wiehnachtsgeschenkinpackpapier inwickelt heff.
De lütte Jung kriggt nu endlich sien Gameboy för
99,– Mark, dorto Mario I, dat Spill, dat ook Novers
Sascha hett, un denn sünd wi al bi 823,30 Mark,
wenn ick ook dissen Gameboy un Mario I in dat
schöne, mit Dannenbööm un Sneeflocken be-
druckte Wiehnachtsgeschenkinpackpapier insloon
heff. Nu koomt wi to mien Fro ehr Süster, de ja
ook twee Kinner hett, twee egene, un twee ehr
Keerl, dat heet, de sünd natürlich nich verheiroot,
nee, de leevt eenfach so tohoop: se betohlt de
Miete, he kümmt för dat Eten up, de Wogen löppt
för ehr, wiel se den grötteren Rabatt bi de Verseke-
rung hett, he overs hett dor för ehre un siene Kin-
ner, he hett ja för all totol neje Fohrrööd köfft, veer
Stück, tweedusend achthunnert un teihn Mark,
vörmontiert, Mountain bikes, Mauntaihn-Beikes,
mit achteihn Gänge, un wenn wi de nu all veer ook
noch wat tokomen loot, mol seggen, jedenenn fööf-
tig Mark in'n Breefumslag, denn sünd wi nu bi
1023,30 Mark, wobi ick de Breefumslääg mol nich
mitreken do, denn de heff ick ja noch so liggen, un

Wiehnachtsgeschenkinpackpapier fallt ja in dissen Fall nich an. Doch Wiehnachtsgeschenkinpackpapier fallt woll an, wenn ick an de Geschenken för mien Fro ehr Süster, ehrn Keerl, nich verheiroot, an mien Süster un ehr Keerl, verheiroot, un an de ehrn Jung denken do. De een kriggt 'n smucke un sündhaftdüre Orchideenvoos, he, nich verheiroot, een Füllfedderholer un Kugelschriever in Designerformat, Pries? Goh mi af!, de Kinner dat Geld, sä ick ja al, mien Süster dree Buddel Rootwien, von de Goden, versteiht sick, ehr Mann een Zigarettenetui, ook wenn he sick al siet Johren dat Smöken afgewöhnen will, de Jung kriggt dree leere Video- un fief leere Musikcasetten. Dat mookt, wenn ick dat all in Wiehnachtsgeschenkinpackpapier inpackt hefft, 298,70 Mark un wenn ick nu ünner us Wiehnachtsfest een Streek trecken do, denn bün ick nu bi akraat 1322,– Mark. Un denn fallt mi upmol in, dat wi ja noch een Uroma hefft, also, dat is de Uroma von us Kinner, Oma von mien Fro, de ja siet teihn Johr al in't Olenhuus wohnt, un de ja lange Johren von us to Wiehnachten jümmers een Blomenstruuß un Wiehnachtskort över Fleurop kregen hett, doch as wi kortens mol mit de Oberplegerin telefoneert hefft, dor sä de, Uroma harr in de letzten veer Johr al nich mehr wußt, wo disse Blomenstruuß upmol herkeem, un as se ehr denn de Kort vörleest hett:

Von Heike, Gerd und den Kindern aus Ham-

burg, dor hett se blots seggt: Wer is dat denn? Kenn ick gor nich. Tja, un nu överleggt wi Johr um Johr, of sick dat överhaupt noch lohnen deit, denn wenn ick to de 1322,–, de ick bit nu för Wiehnachtsgeschenke utgeven heff, noch de 62,80 för Fleuropblomen un de Kort reken do, denn mööt ick doch seggen: Nu langt't. Nu langt't. Denn nu fallt mi upmol in, dat ja us Postbüdel ook jedet Johr een Buddel Sekt kriegen deit, 11,80 plus 40 Penn Wiehnachtsgeschenkinpackpapier un de Zeitungsutdräger ook, 11.80 plus 40 Penn Wiehnachtsgeschenkinpackpapier, un wenn ick denn noch seggen mööt, dat wi all Johr to Wiehnachten noch 50 Mark an Unicef un an SOS Kinnerdörper överwiesen doot, dat de Kinner von den Circus Clametti to Wiehnachten an de Döör koomt mit de Sammeldöös, dat mien Kinner de Bedellüüd an'n Wandsbek-Markt anner Johr fief Mark in'n Hoot smeten hefft, dreemol fief Mark ut mien Portemonnaie, dat de Noverschen to beide Sieden to Wiehnachten een Wiehnachtssteern von Blume 2000 to 6,99 Mark kriegt, de ick natürlich in Wiehnachtsgeschenkinpackpapier inwickeln mööt – Zwischensumme: 1476,65 Mark – denn is dor noch de Jung, de af un to usen Hund utföhrt, de Noversdeern, de mien Fro af un an in'n Gorden helpen deit, mien Arbeitskolleg, us Sekretärin un use Bekannten in de ole DDR. Wenn de all ehr Geschenken hefft, all de schönen Geschenken, de ick up miene gediegene Oort so schön in Wiehnachts-geschenkinpackpapier inwickelt hefft, denn bün ick rund 1700 Mark los, un dorum kann ick blots seggen, dat Schönste för mi an Wiehnachten, dat is de 27. Dezember, denn is Gottloff allens vörbi.

De Müll

Wiehnachten, seggt ja all, is een schön Fest. Kann ick nich seggen – wenn ick an all den Affall denk, de al alleen bi us anfallt. Wo dat Wiehnachtenovend bi us in de Stuuv utsüht – nee. De Deerns kriegt ja all disse … nee, verrood ick nich, un den Jung, de schall ja dit Johr so een … segg ick ook lever nich kriegen. Blots soveel steiht nu al fast: Dat is all ganz gräsig inpackt in Karton, Papier, Steropor un Plastik. Wiehnachten een schön Fest – nee, een Affallfest.

Doch ick bün mi ja nich to schood, ick goh ja Hilligenovend, loot dat sneen oder regen – is mi ganz egool, mit den ganzen Kroom över de Stroot un wramms dat in de Mülltunnen rin, bit de randvull sünd – un us Stuuv wedder rein is.

Eersten Wiehnachtsdag kümmt Nover Hans, de hett ook so'n Stall vull Kinner as ick, un ick weet ook al, wat de kriegen doot, schall ick jo dat mol even … nee, do ick nich. Blots soveel: ook de ehr

Geschenken sünd all inpackt in Karton, Papier, Steropor un Plastik, blots mien Nover is een fulen Hu..., also, he schafft dat nich, noch an'n Hilligenovend to entsorgen. He mookt dat jümmers den eersten Wiehnachtsdag – will he tomindst. Meist so gegen Klock ölven geiht denn bi em de Döör – dat verpaß ick nie – un denn slurrt he mit sien ganzen Kroom ook över de Stroten, sett dat gegen de Mülltunnen af, nimmt nu de beiden Griepers in de Hand un denn ... *allens vull.* Un nu mööt he mit all sien Karton, Papier, Steropor un Plasitk retour in siene lütte Stuuv. Ick loot em meist denn so halv över de Stroot komen, schuuv de Gardin besiet un wink em fründlich to:

»Hans, Frohe Wiehnachten!«

Un wenn dat wedder mol klappt hett, denn weet ick: Wiehnachten is doch een schön Fest.

Sylvester-Knaller

Sylvester is för mi een von de slimmsten Doog von't ganze Johr – wegen disse gräsige Knalleree. Kann ick kien Gefallen an finnen. 'n Poor Wunnerkerzen, mientwegen, over Raketen, Kanonenslääg un Knallpoggen koomt mi nich in't Huus.

Speelverdarver, seggt mien Deern jedet Johr, un mien Fro steiht ehr ook noch bi.

»Dat höört dor nu mol mit to, to Sylvester.«

»Och ...«

»Du schußt man mol lever överleggen, worum du dor so gegen büst.«

»Knallerei is Quatsch un düür un gefährlich is dat ook.«

»Nana. Autofohren is ook gefährlich un düür, un du deist dat doch. Nee, nee, mien leve Keerl, dor mööt wat anners ween, deep in di ...«

»Wullt du mi so'n Sylvester-Komplex andichten?«

»Nadenken schaßt du, anners nix.«

Na ja, wenn ick mol so in mi goh, denn mööt ick seggen, as ick Kind weer, so'n Holster von fief Johr, dor fund ick ja nix spannender as to Sylvester Füürwark aftobrennen. Ick heff ja domols mien ganze Wiehnachtsgeld in Knallkroom anleggt. Druffen mien Öllern gor nich weten. Von Oma harr ick ja teihn Mark kregen, söven von Tante Emma, un Unkel Hans harr mi ook noch 'n poor Mark in de Tasch steken. Ja, ick weer riek, ick harr rund 25 Mark. Domols kost so'n eenfachen Knaller to'n Anrieten 10 Penn, China-Böller in'n Sösserpack, den geev't för veer Groschen, för Knallpoggen muß ich föfftig Penn henleggen un Kanonenslääg kossen 2 Mark. Dor heff ick mi blots enen von leist. Mien ganzen Knallkroom bewohr ick in so'n ole Zigarrenkist up – un de weer bit bobenhen vull. Ick weer ja riek. Un dat mi nüms mien Schatz wegnehmen kunn, heff ick disse Zigarrenkist boben up den Böhn versteken. Doch wat wull dat Unglück – an den Sylvester, as ick fief weer, do regen un weih dat – un uns Dack weer nich ganz dicht – un as ick knallen wull, dor weer mien Zigarrenkist totol dörweekt. All de schönen Knallers un China-Böllers, de weern natt. 25 Mark weern weg un mien Sylvester total in'n Mors.

»Ohh, du Arme«, sä mien Deern, as se dat höörn dee. »Overs ick weet en goot Middel, een Sylvestertherapie för di.«

»Un wo süht de ut?«

»Ganz eenfach: wi nehmt wedder so een Kist, packt de bit bobenvull mit Krachers un so – un de brenn ick denn Sylvester af.«

»Du? Un wat mööt ick dor bi doon?«

»Betohlen.«

Wegsmieten

Schall ick Jo mol ganz wat in Vertruun seggen, un dat fallt mi bestimmt nich licht. Un ick vertell dat ook blots, wenn Ji mi verspreekt, nix notoseggen. Also: ick bün no achteihn Johr glücklich Eheleven dat eerstemol von tohuus utneiht. Ick heff dat eenfach nich mehr utholen.

Worum?

Mien Fro hett so'n ganz gediengene chronische Krankheit. De kriggt se jümmers twee Weken no Wiehnachten. Dor is ook schiens nix gegen to moken. Se hett das *Wegsmietfever.* Up eenmol steiht ehr allens, wat boben up't Schapp, ünnen in'n Keller oder achtern in de Eck liggt, dat steiht ehr upmol in'n Weg. Nüms, ook se sülvst nich, weet, wo dat kümmt, man dat brennt ehr nu so in de Ogen, dat se't all ut'n Huus rutsmieten mööt.

Ick bün machtlos. Mien olen Dia-Projektor, den ick 1966 to Wiehnachten kregen heff – un de, ick geev dat to, in all de Johren nich eenmol to'n Insatz komen is – weg!

Un denn de ole Lehnstohl von mien Opa, den ick al jümmers mol neet anstrieken wull, wiel de doch al teemlich afstott is, Opa is ja ook al siet 15 Johr doot – weg!

Un denn mien Tietschriftensammlung, wo mi blots Heft 2 / 75, Heft 3 / 77 un bi Johrgang 79 Nr. 4 un 5 von fehlen doot – also, de sünd doch bestimmt noch to kriegen – weg!

Un denn de ole Bohrmaschin – Wiehnachten 1979 –, mien eerst Autoradio – Wiehnachten 1980 –, mien Heizlüfter ut de Studentenbood, de Petroleumlamp un ook den Pott mit Ölfarv för mien Fohrrad, wat se mi anner Johr stohlen hefft – allens weg. Un dat – dat deit mi weh. Ick kann dat nich mit ankieken. Un dorum loop ick nu al siet Stunnen dör de Stroten von Hamborg un sinneer över Vergänglichkeit von dat Irdische. Un wenn ick hüüt ovend no Huus koom, denn *bring ick mien Fro* – een groden Blomenstruuß mit, dat nu endlich disse ganze Schiet ut'n Huus rut is.

Gerd Spiekermann

schreibt das Plattdeutsche unserer
heutigen Zeit – frech, witzig
und absolut treffend!

Nich mit mi!

26 Alltagsgeschichten

Goh mi af!

32 Geschichten über die kleinen und großen
Konflikte im menschlichen Miteinander

Kattenschiet

47 Banalitäten aus dem Alltagsleben

Alltägliches vortrefflich in Szene gesetzt,
das zeichnet die plattdeutschen Geschichten
Gerd Spiekermanns in all seinen Büchern aus.
Er erzählt lebensnah und
verblüffend ehrlich und hält seinen
Lesern dabei oft einen Spiegel vor!

Erschienen im

Quickborn-Verlag

Ein Standardwerk
der zeitgenössischen
plattdeutschen Literatur

Dat groote plattdüütsche Leesbook

Herausgegeben von
Hartmut Cyriacks
und
Peter Nissen

Plattdeutsche Literatur in ihrer
vielfältigsten Form.
Eine umfassende Sammlung von
Geschichten, Erzählungen und
Gedichten der namhaftesten
Autorinnen und Autoren
spiegeln die Bandbreite der
zeitgenössischen plattdeutschen
Literatur wider.

Erschienen im
Quickborn-*Verlag*

Das Standardwerk
zur beliebten Sendereihe
des NDR

Dat groote
Hör mal'n beten to
Book

Insgesamt 26 Autorinnen und Autoren
haben im Laufe der Jahre in rund
11000 plattdeutschen Radiotexten
Ereignisse des täglichen Lebens
geschildert, Zeittypisches und
gelegentlich Zeitgeschehen festge-
halten oder einfach Anekdoten erzählt.
»Dat groote Hör mal'n beten to Book«
ist ein Buch zum Schmunzeln und
Schmökern und mit nahezu
70 plattdeutschen Geschichten eine
Fundgrube für Hörer und Leser!

Erschienen im

Quickborn-Verlag

Plattdeutscher Humor

Lüd! Hier gifft dat wat to lachen!

Vortrefflicher plattdeutscher Humor

'n Barg Spaß

Plattdeutsche Witze und Humoresken

Blots keen Striet

Kabinettstücke norddeutschen Humors

Heinrich Kröger

Lögenhaft to vertellen!

Plattdüütsche Döntjes

Ganz schöön vörluud…

Humorvolle Anekdoten

Erschienen im

Quickborn-Verlag

Wiehnachten op Platt

Hermann Bärthel
Witte Wiehnacht

Gerd Bahr
Schummertiet

Hein Blomberg
So weer dat in de Wiehnachtstiet

Reimer Bull
Wiehnachten so oder so

Rudolf Kinau
Mien Wihnachtsbook

Gerd Spiekermann
Wiehnachts-Stress

Wiehnachten tohuus
29 Weihnachtsgeschichten

**Dat groote plattdüütsche
Wiehnachtsbook**
50 plattdeutsche Winter- und Weihnachtsgeschichten

Wiehnachtsmann kiek mi an...
Plattdeutsche Weihnachtsgedichte

Erschienen im

Quickborn-Verlag